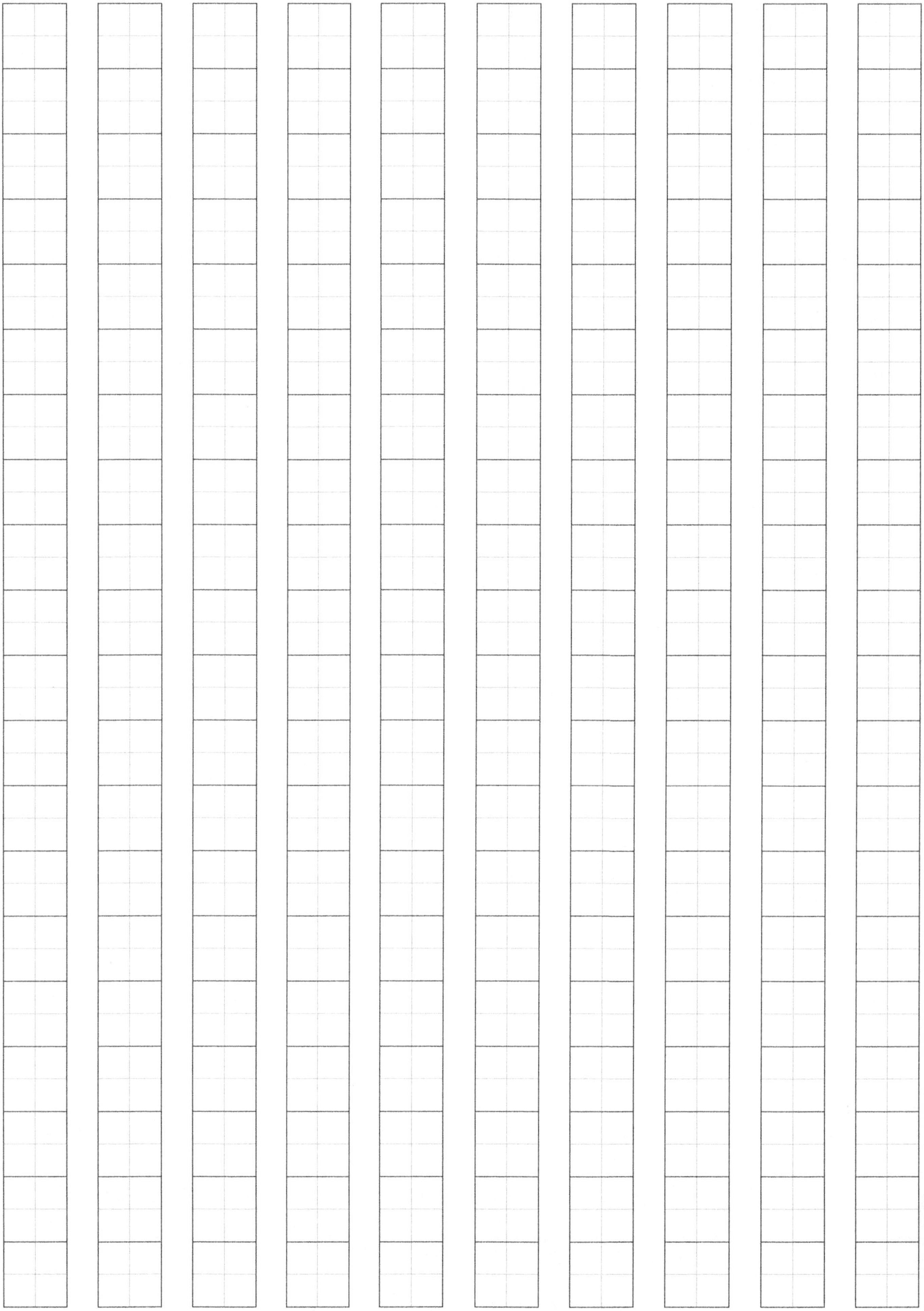

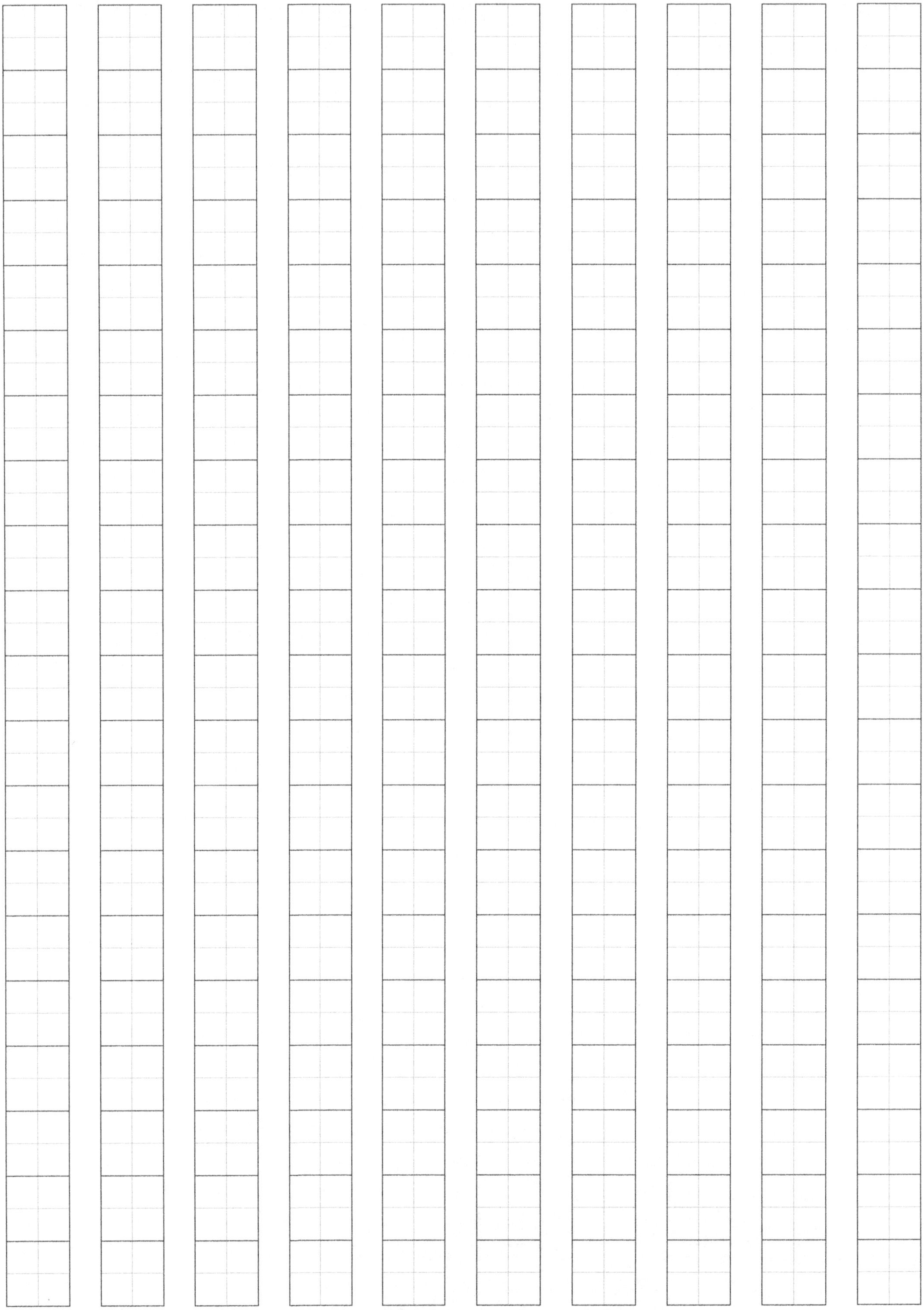

Made in the USA
Coppell, TX
26 September 2023

22069190R00070